16 Décembre 1910

Marquis P

OBJETS D'ART ET D'AMEUBLEMENT

ANCIENS ET DE STYLE

Tableaux

AQUARELLES, PASTELS ET DESSINS

ANCIENS ET MODERNES

TAPISSERIES ANCIENNES

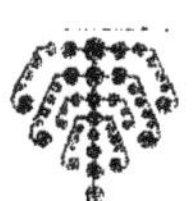

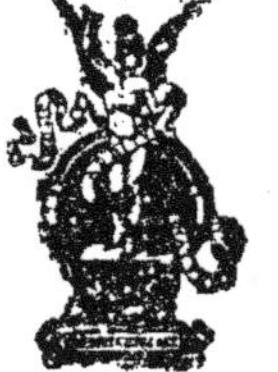

CATALOGUE

DES

Meubles et Objets d'Art

ANCIENS ET MODERNES

SIÈGES GARNIS DE TAPISSERIES ANCIENNES, DE CUIR ET CANNÉS

PORCELAINES ET FAIENCES

ANCIENNES

TABLEAUX ET AQUARELLES

PASTELS ET DESSINS

ANCIENS ET MODERNES

Par

V. ADAM, BOISSELIER, R. BONHEUR, G. COURBET, BOUDIN, CH. DAUBIGNY, N. DIAZ,
ALF. DE DREUX, GÉRARD, GUÉ, LANTARA, E. MEISSONIER, H. MONNIER, PERALTA, TH. ROUSSEAU,
SNAYERS, C. TROYON, J. VERNET, J. VEYRASSAT, WASHINGTON, ETC.

Eaux-Fortes, par Ch. JACQUE

BRONZES, PENDULES, ÉVENTAILS

MARBRES

TAPISSERIES ANCIENNES

Étoffes, Dentelles, Tapis

DONT LA VENTE AUX ENCHÈRES PUBLIQUES AURA LIEU

HOTEL DROUOT, SALLE N° 11

LES VENDREDI 16 ET SAMEDI 17 DÉCEMBRE 1910

A deux heures précises

Mᵉ F. LAIR-DUBREUIL, Commissaire-Priseur, 6, rue Favart

EXPERTS

Pour les Tableaux :	*Pour les Objets d'Art :*
M. GEORGES SORTAIS	**MM. G. DUCHESNE & R. DUPLAN**
PEINTRE-EXPERT	EXPERTS
PRÈS LE TRIBUNAL CIVIL DE LA SEINE	10, rue Rossini
11, rue Scribe	PARIS

Chez lesquels se distribue le présent Catalogue

EXPOSITION PUBLIQUE

Le Jeudi 15 Décembre 1910, Salle N° 11, de 2 h. à 6 heures

CONDITIONS DE LA VENTE

Elle sera faite au comptant.

Les adjudicataires paieront *dix pour cent* en sus des enchères.

L'exposition mettant le public à même de se rendre compte de l'état et de la nature des objets, aucune réclamation ne sera admise une fois l'adjudication prononcée.

ORDRE DES VACATIONS

Vendredi 16 Décembre 1910

Tableaux, Dessins, Aquarelles, etc.	1 à 48
Porcelaines et Faïences.	49 à 128

Samedi 17 Décembre 1910

Éventails.	129 à 137
Objets divers et Bijoux.	138 à 155
Marbres, Bronzes, Pendules	156 à 176
Dentelles.	232 à 237
Sièges.	220 à 231
Meubles	177 à 219
Tapis, Étoffes, Tapisseries.	238 à 255

Paris. — Imp. de l'Art, Ch. Berger, 41, rue de la Victoire.

DÉSIGNATION

TABLEAUX

AQUARELLES, PASTELS, DESSINS
EAUX-FORTES

ADAM (Victor)

1 — *Bataille de la Campagne d'Égypte.*

Signé en bas au milieu.

Toile. Haut., 38 cent.; larg., 46 cent.

ADAM (Victor)

2 — *Le Baptême du feu.*

Signé en bas et daté : *1823*.

Toile. Haut., 60 cent.; larg., 73 cent.

ADAM (Victor)

3 — *L'Enfant du régiment.*

Pendant du précédent.

Toile. Haut., 60 cent.; larg., 73 cent.

BELLANGÉ

4 — *Prise d'un village autrichien.*

Toile. Haut., 35 cent. ; larg., 52 cent.

BOISSELIER

5 — *Terrasse vue de la campagne romaine.*

> Signé en bas à droite et daté : *1823.*
>
> Toile. Haut., 1 m. 50 cent.; larg., 1 m. 05 cent.

BOISSELIER

6 — *La Porte d'un château à Rivoli.*

> Signé en bas à droite et daté : *1823.*
> Pendant du précédent.
>
> Toile. Haut., 1 m. 50 cent.; larg., 1 m. 05 cent.

BONHEUR

7 — *Troupeau de moutons.*

> Un troupeau de moutons se désaltérant dans un cours d'eau, près d'un vieux pont, au milieu d'un paysage.
> Signé en bas à droite.
>
> Toile. Haut., 32 cent.; larg., 41 cent.

COURBET (G.)

8 — *Laveuses Franc-Comtoises.*

> Étude.
>
> Toile. Haut., 57 cent.; larg., 79 cent.

BOUDIN (Eugène-Louis)

9 — *Marine : Voiliers dans la baie de Trouville.*

> Des bateaux à trois mâts sillonnent une mer calme; ciel nuageux.
> Signé en bas à droite et daté.
>
> Bois. Haut., 27 cent.; larg., 46 cent.

BOUDIN (Eugène-Louis)

10 — *Lavandières dans la baie de Deauville.*

Six lavandières, vues de dos, lavent leur linge ; plus loin, sur le rivage opposé, un pêcheur dans sa barque ; tout au fond, derrière, la lagune et quelques voiliers.
Signé et daté en bas à droite.

Bois. Haut., 24 cent.; larg., 33 cent.

DAUBIGNY (Charles)

11 — *Les Bois de Méry-sur-Oise.*

Une route traverse un bois. Une paysanne coiffée de rouge, vêtue d'une robe bleue, s'éloigne du spectateur.
Au fond, des massifs d'un bois se détachent sur un horizon de nuages blancs.

Toile. Haut., 41 cent.; larg., 27 cent.
(Cette peinture fut offerte par Charles Daubigny à un de ses voisins, habitant Méry).

DIAZ DE LA PEÑA (Narcisse)

12 — *Combat de taureaux.*

Au milieu d'un paysage, un taureau blanc, un noir et un roux se battent ; au fond, un cours d'eau éclairé par un ciel empourpré.
Peinture sur carton marouflée sur bois.
Signé en bas et à gauche en lettres rouges.

Haut., 15 cent. 1/2 ; larg., 28 cent.

DREUX (Alfred de)

13 — *Portrait d'un chien havanais blanc.*

Signé en bas à gauche.

Toile. Haut., 27 cent.; larg., 35 cent.

DREUX (Alfred de)

14 — *Étalon noir poursuivant un chien.*

Signé à droite et en bas.

Toile. Haut., 55 cent.; larg., 65 cent.

DREUX (Alfred de)

15 — *Chevaux arabes harnachés et caparaçonnés, tenus en main par un nègre.*

Signé en bas et à droite.

Haut., 72 cent.; larg., 90 cent.

ÉCOLE ALLEMANDE (xviiie siècle)

16 — *L'Homme à la pomme.*

Panneau en bois. Haut., 50 cent.; larg., 39 cent.

ÉCOLE ANGLAISE (xixe siècle)

17 — *Coucher de Soleil sur la Méditerranée.*

Panneau. Haut., 55 cent.; larg., 90 cent.

ÉCOLE FLAMANDE (xviiie siècle)

18 — *Nature morte.*

Grenades, raisins et pêches posés sur un entablement de pierre.

Panneau décoratif. Haut., 80 cent.; larg., 1 mètre.

ÉCOLE FRANÇAISE (xviiie siècle)

19 — *Dessus de porte.*

Perroquets dans des branchages.

Toile. Haut., 70 cent.; larg., 1 m. 05 cent.

ÉCOLE FRANÇAISE (xviiie siècle)

20 — *Vénus et Vulcain.*

Toile.

Cadre forme de cœur à rinceaux et coquille en bois sculpté et doré.

ÉCOLE FRANÇAISE

21 — *Projet de plafond : Jeux d'amours.*

Dessin rehaussé d'aquarelle.

Diamètre, 27 cent

ÉCOLE FRANÇAISE (xviiie siècle)

22 — *Dessus de porte : Vase en orfèvrerie, fruits et colombes.*

Toile. Haut., 44 cent.; larg., 1 mètre.

ÉCOLE FRANÇAISE (xviiie siècle)

23 — *Portrait d'Homme.*

En perruque, vêtu d'une robe de chambre à fleurs.
Pastel.

Haut., 55 cent.; larg., 45 cent.

ÉCOLE HOLLANDAISE (xviie siècle)

24 — *Bouquet de roses dans un vase de cristal et faisan mort.*

Haut., 18 cent.; larg., 27 cent

ÉCOLE HOLLANDAISE (xviiie siècle)

25 — *Grand panneau décoratif.*

> Perroquet, chien et singe au milieu de fruits, instruments de musique et tapis avec fond de paysage
>
> Toile. Haut., 1 m. 20 cent ; larg., 1 m. 90 cent.

ÉCOLE ITALIENNE (xviie siècle)

26 — *Bouquet de fleurs dans un vase de cristal.*

> Toile marouflée sur panneau.
>
> Haut., 47 cent.; larg., 37 cent.

ÉCOLE DU XVIIIe SIÈCLE

27 — *Le Départ pour la chasse.*

> Cadre en bois doré.
>
> Toile. Haut., 1 mètre ; larg., 1 m. 30 cent.

GÉRARD (Attribué au BARON)

28 — *Portrait de Madame D..., vue en buste.*

> Toile ovale. Haut., 65 cent.; larg., 55 cent.

GÉRARD (École du BARON)

29 — *Portrait en buste de Monsieur D...*

> Toile ovale. Haut., 65 cent.; larg., 55 cent.

GUÉ

30 — *La Porte Dijaux à Bordeaux.*

> Aquarelle.
>
> Signée en bas à gauche.
>
> Haut., 27 cent.; larg., 20 cent.

GREUZE (D'après)

31 — *Jeune Femme blonde.*

Vêtue d'une robe blanche décolletée, des fleurs dans les cheveux.

Panneau en bois, médaillon.

Haut., 78 cent.; larg., 62 cent.

LANTARA

32 — *Petit paysage animé de personnages.*

Panneau. Haut., 19 cent.; larg., 25 cent.

MEISSONIER (ERNEST)

33 — *Croquis à la mine de plomb.*

Rehaussé de sépia et de gouache.

Bois. Haut., 22 cent.; larg. 37 cent.

MONNIER (HENRI)

34 — *Un Homme important.*

Aquarelle.

Dédiée à *Gil Pérès.*

Signée et datée en bas à droite.

Haut., 21 cent.; larg., 13 cent.

VAN DER NEER (Attribué à)

35 — *Paysage de Hollande. Effet de lune.*

Panneau. Haut., 25 cent.; larg., 34 cent.

PANDINU (Julius)

36 — *Bouquets de fleurs suspendus par un ruban.*

Cadre bois sculpté.

Quatre panneaux se faisant pendant.

Toile ovale. Haut., 40 cent.; larg., 32 cent.

PERALTA (F.)

37 — *Jeune Femme en toilette de bal.*

Assise endormie près d'une table sur laquelle est placé un livre entr'ouvert.

Signé à gauche et daté.

Haut., 27 cent.; larg., 18 cent.

REDOUTÉ

38 — *Fleurs de cactus.*

Peinture à l'aquarelle sur parchemin.

Haut., 55 cent.; larg., 41 cent.

ROUSSEAU (Th.)

39 — *Le Gros chêne.*

Au sommet d'une route, un superbe chêne étale ses branches puissantes au-dessus de la crête d'une colline.

Aquarelle.

Œuvre d'un beau caractère et d'un dessin de premier ordre.

Signée en bas à gauche et datée : *1839.*

Haut., 47 cent.; larg., 32 cent.

SNAYERS (Pierre)

40 — *Paysage.*

Au centre, près d'un cours d'eau, des soldats se reposent sous de grands arbres ; à droite au premier plan, un cavalier fait boire son cheval ; dans le fond, une église dominant le village.

Bois. Haut., 18 cent.; larg., 25 cent.

STEVENS (L.-D.)

41 — *La Dentellière.*

Signé en bas à gauche.

Toile. Haut., 40 cent.; larg., 31 cent.

TROYON (Constant)

42 — *Bouquet d'arbres au bord de l'eau.*

Cachet de la vente à droite en bas.

Bois. Haut., 32 cent.; larg., 24 cent.

VERMEULEN (E.)

43 — *Paysans rentrant à leur chaumière.*

Toile. Haut., 24 cent.; larg., 32 cent.

VERNET (École de Joseph)

44 — *Pêcheurs à l'entrée d'un port de la Méditer-*
ranée.

Haut., 37 cent.; larg., 45 cent.

VEYRASSAT (J.)

45 — *Chevaux de labour au repos.*

Au bord d'une route, à l'ombre d'un arbre, se déta-
chant sur un champ de blé, un cheval blanc et un
alezan se reposent.

Signé en bas à droite : *J. Veyrassat.*

Bois. Haut., 27 cent.; larg., 35 cent.

WASHINGTON

46 — *Paysage algérien.*

Des cavaliers sont groupés près d'un puits où se dé-
saltèrent chevaux et chameaux.

Toile. Haut., 70 cent ; larg., 90 cent.

GRAVURES, ESTAMPES

JACQUE (Ch.)

47 — *Recueil de quarante-huit eaux-fortes.*
Epreuves avant toutes lettres.

SEM

48 — *Album de vingt-huit estampes en couleurs.*
Types parisiens

PORCELAINES & FAIENCES

49 — Figurine en ancienne porcelaine de Saxe :
Flore.

50 — Figurine en ancienne porcelaine de Saxe : le
Marchand de gibier.

51 — Figurine en ancienne porcelaine de Saxe :
Jeune femme portant des fleurs; à ses pieds,
une poule couvant.

52 — Figurine en ancienne porcelaine de Saxe : le
Jardinier.

53 — Figurine en ancienne porcelaine de Saxe : Enfant assis, portant un vase.

54 — Petit vase, à quatre pieds, en ancienne porcelaine de Saxe, bords contournés à rinceaux
et coquilles ; décor gaufré à bouquets de fleurs et
rehauts d'or sur fond blanc.

55 — Deux petits socles, de forme carrée et évasée
au pied, en ancienne porcelaine de Saxe, décor
à bouquets de fleurs et palmes sur fond blanc.

56 — Figurine en ancienne porcelaine de Saxe :
Mercure.

57 — Figurine en ancienne porcelaine de Berlin :
Amour chasseur.

58 — Deux figurines en ancienne porcelaine de
Saxe.

59 — Figurine en porcelaine d'Allemagne : Bacchus
enfant.

60 — Quatre figurines en ancienne porcelaine de
Capo di Monte : Mars, Neptune, Diane et Am-
phitrite.

61 — Petite potiche et pot à crème en ancienne porcelaine de Copenhague, décor à semis de fleurettes et bandeaux marbrés.

62 — Deux taureaux en porcelaine de Saxe, décor
au naturel, reposant sur des terrassements en
bronze doré.

63 — Statuette en ancienne porcelaine de Saxe :
Jeune femme assise sur un terrassement à rocailles, une écharpe autour du corps et jouant
du luth.

Haut., 24 cent.

64 — Petit pot à crème en ancienne porcelaine de
Mennecy, décor à bouquets de fleurs sur fond
blanc; couvercle surmonté d'un fruit.

65 — Coffret rectangulaire en porcelaine d'Allemagne, à décor de bouquets de fleurs sur fond
blanc gaufré.

66 — Petit sucrier en ancienne porcelaine de Saxe,
décor japonais.

67 — Théière avec tasse et soucoupe en porcelaine
de Saxe, décor à personnages entourés de guirlandes de fleurs et de roseaux sur fond blanc.

68 — Groupe en ancienne porcelaine de Chelsea,
représentant un personnage chevauchant une
chèvre et portant dans une hotte un chevreau.

69 — Petit sucrier en ancienne porcelaine de Saxe,
décor genre vannerie, avec bouquets de fleurs
dans les réserves, et fleurettes.

70 — Petite tasse avec couvercle et soucoupe en
porcelaine d'Allemagne.

71 — Petite théière en ancienne porcelaine de Saxe,
décor à réserves de bouquets de fleurs sur fond
blanc, contrefond aubergine.

72 — Théiere, sucrier et pot à crème en ancienne
porcelaine de Saxe, décor à bouquets de fleurs
sur fond blanc ; déversoir, anses et bords à rehauts d'or.

73 — Verseuse en ancienne porcelaine de Saxe, décor de sujets guerriers dans des réserves à encadrements dorés.

74 — Petit pot couvert en ancienne porcelaine de Saxe, décor à bouquets de fleurs et rehauts d'or ; le bouton formé par une fleurette.

75 — Petite écuelle avec couvercle et plateau en ancienne porcelaine de Saxe, décor de scènes champêtres et bouquets de fleurs sur fond blanc ; anses formées par des branchages fleuris à rehauts d'or ; le bouton du couvercle figurant une rose.

76 — Coupe en ancienne porcelaine de Saxe, décor en bleu à bouquets de fleurs sur fond blanc imitant la vannerie ; monture en vermeil ciselé.

77 — Petit plat creux à anses, à bords contournés, en ancienne porcelaine de Saxe, décor de bouquets de fleurs en relief.

78 — Quatre salières en ancienne porcelaine de Saxe, forme coquille, reposant sur trois pieds rinceaux.

79 — Chocolatière en ancienne porcelaine de Saxe avec couvercle, à anse en bronze ciselé et doré. Décor de bouquets de fleurs en camaïeu à rehauts d'or.

80 — Plateau rectangulaire à bords contournés en
ancienne porcelaine de Saxe blanche, rehaussée
de filets d'or.

81 — Grande soupière oblongue en ancienne porcelaine de Saxe, anses formées par des branchages, décor à bouquets de fleurs sur fond
blanc ; le bouton du couvercle formé par un
citron.

82 — Sucrier en ancienne porcelaine de Saxe, décor
à bouquets de fleurs.

83 — Deux plats creux, forme ovale, en porcelaine
de Vienne, décor à bouquets de fleurs et fleurettes.

81 — Plat creux ovale, forme lobée à oreilles, en
ancienne porcelaine de Saxe, décor de fleurs en
camaïeu rose.

85 — Deux petits plateaux creux, forme de feuilles,
à bords contournés, en ancienne porcelaine de
Chelsea, décor sous couverte genre vannerie ;
anses formées par des branchages et feuilles
de vigne en relief ; le fond à bouquets de
fleurs.

86 — Aiguière et son bassin en ancienne porcelaine
de Sèvres, décor à guirlandes de fleurs, par
Bouillat, 1799.

87 — Beurrier couvert avec plateau adhérent en ancienne porcelaine de Sèvres, pâte tendre, décor à bouquets de fleurs, filets bleus et rehauts d'or, par *Buteux*, et dorure par *Grison, 1740*.

88 — Service en porcelaine de Paris, composé d'un pot à crème et de huit tasses et soucoupes, décor à pointillé sur fond vert, filets et rehauts d'or.

89 — Grande tasse à bouillon et tasse à café avec leur soucoupe, décor or et décor ocre. Ancienne porcelaine de Paris.

90 — Deux beurriers, de forme oblongue, en ancienne porcelaine de Paris, décor barbeau.

91 — Coupe sur piédouche en ancienne porcelaine, à décor de paysage et animaux, signée de *Gillot* et datée *1779*.

92 — Écuelle à couvercle et plateau en porcelaine, décorée de fleurs et d'insectes, avec motifs en relief à rehauts d'or.

93 — Plat creux à bords lobés en porcelaine d'Allemagne, décor à fleurs sur fond blanc.

94 — Deux petites tasses et soucoupes en porcelaine de Chine.

95 — Service à thé en ancienne porcelaine de Chine de la Compagnie des Indes, sujets à médaillons et bouquets de fleurs, composé de deux théières, une verseuse, un bol, une tasse, une soucoupe, une boîte à thé.

96 — Verseuse en ancienne porcelaine de la Chine, famille rose.

97 — Potiche en porcelaine de Chine, décor bleu sur blanc, montée en lampe.

98 — Deux pots à eau avec leurs bassins en porcelaine de la Chine, décor à fleurs et personnages.

99 — Deux potiches en ancienne porcelaine de la Chine, famille verte, décor à oiseaux, fleurs et branchages.

100 — Petit vase à piédouche en ancienne porcelaine de Chine, décor à rinceaux fleuris.

101 — Deux grands plats en porcelaine de la Compagnie des Indes, décor polychrome à guirlandes et bouquets de fleurs.

102 — Vasque, de forme sphérique, en ancienne porcelaine de la Chine, décor à réserves à scènes de guerriers et branchages fleuris.

103 — Grande vasque en porcelaine de Chine, décor bleu sur blanc.

104 — Deux petites tasses et soucoupes en ancienne
porcelaine de la Chine, coquille d'œuf, décor à
guirlandes de fleurs et papillons, famille rose.

105 — Deux autres petites tasses et soucoupes en
ancienne porcelaine de Chine, décor en relief.

106 — Trois tasses et soucoupes en ancienne por-
laine de Chine et du Japon.

107 — Deux soucoupes en porcelaine de Chine, à
marli lobé, décor fleurs, arbres et oiseaux à
rehauts d'or.

108 — Deux vases, forme balustre, en porcelaine
du Japon, décor à personnages dans des réserves ; fond rouge à rehauts d'or.

109 — Bouteille en porcelaine du Japon, décor bleu
sur blanc.

110 — Douze assiettes en ancienne porcelaine de
Chine, décor polychrome à bouquets de fleurs.

111 — Deux assiettes en ancienne porcelaine de
Chine.

112 — Assiette, de forme octogonale, en ancienne
faïence de Rouen, décor au chinois.

113 — Paire de vases à piédouche, de forme Médicis, en ancienne faïence de Marseille, décor à branchages de pommier en relief et de guirlandes de fleurs sur fond blanc.

114 — Garniture de cinq pièces (trois vases à couvercles et deux cornets) en ancienne faïence de Delft, en partie côtelée, décor à réserve en bleu sur blanc.

115 — Garniture de trois pièces en ancienne faïence de Delft, à décor bleu sur blanc, composée d'une potiche couverte à pans côtelés, montée en bronze, et de deux cornets.

116 — Deux petites vaches en ancienne faïence de Delft, décor polychrome.

117 — Deux grandes potiches à couvercles en faïence de Delft, décor bleu sur blanc.

118 — Deux plats en ancienne faïence de Delft, décor chinois en bleu sur blanc.

119 — Grand vase à anses en grès, à décor en relief émaillé bleu; déversoir à mascaron de tête de faune.

120 — Grand vase à anses et piédouche en terre vernissée, décor en relief, genre barbotine, sur fond bleu.

121 — Plateau à anses en faïence de Milan, décor à sujet chinois ; encadrement à guirlandes fleuries.

122 — Plat rond et creux en ancienne faïence de Lodi, décor à médaillon, cartouches, ornements divers ; marli à lambrequin. Signé au revers et daté : *1736*. Décor blanc, rouge et jaune.

123 — Fontaine en ancienne faïence italienne, décor bleu sur blanc.

124 — Grand vase en ancienne faïence italienne, à piédouche et panse godronnée, décor à bouquets de fleurs.

125 — Deux plats creux rectangulaires, bords à contours, en ancienne faïence de Strasbourg.

126 — Grand plat creux en ancienne faïence de Marseille, décor à bouquets de fleurs sur fond blanc.

127 — Deux boucs en grès de Chine, décor bleu turquoise ; terrassement en bronze ciselé, de style Louis XV.

128 — Grande jardinière, de forme surbaissée, en céramique fond turquoise, à décor oriental. Monture en bronze.

ÉVENTAILS

129 — Éventail en ivoire sculpté et repercé, peint
et doré avec sujet à petits personnages, orné
d'une feuille peinte à sujet mythologique. Époque Louis XV.

130 — Éventail en ivoire repercé et rehaussé de
peintures figurant des pampres ; feuille peinte
représentant Enée et Didon ; à l'envers de la
feuille, amazone chassant le faucon. xviiie siècle.

131 — Éventail en ivoire peint, sculpté et doré ;
feuille peinte à sujets champêtres.

132 — Éventail en ivoire incrusté et repercé ; feuille
en soie peinte et pailletée à sujet galant inspiré
de Lancret. Époque Louis XV.

133 — Bel éventail en ivoire peint, sculpté et repercé ; feuille peinte sur vélin à sujet allégorique
à la Science. Époque Louis XV.

134 — Éventail en ivoire peint, sculpté et repercé ;
feuille peinte sur vélin : Joseph vendu par ses
frères. xviiie siècle.

135 — Éventail en ivoire et nacre gravés et rehaus-
sés d'or ; feuille peinte sur vélin : Vénus et le
berger Pàris.

136 — Éventail en ivoire sculpté et repercé ; feuille peinte sur vélin. xviiie siècle.

137 — Deux éventails en ivoire et os sculptés et repercés ; feuilles peintes.

BIJOUX

OBJETS DIVERS

138 — Montre en or gravé, d'époque Louis XV.

139 — Petit médaillon en or ciselé, deux tons, orné de pierres de couleurs.

140 — Châtelaine en cuivre ciselé et doré. Époque Louis XVI.

141 — Collier de sequins en argent doré.

142 — Parure, composée d'un bracelet, une paire de pendants d'oreilles et une broche, formée de monnaies antiques en argent; monture en or.

143 — Porte-huilier en argent ciselé et repoussé, de l'époque du xviiie siècle, avec ses deux burettes en cristal gravé et doré.

144 — Deux salières bout-de-table en argent repoussé et repercé. Style Louis XVI.

145 — Aiguière en ivoire sculpté, décorée sur la panse de rinceaux, mascarons, figures et groupes allégoriques; piédouche, anse et couvercle en argent doré. Premier Empire.

146 — Flacon en ancien verre, à rehauts d'or.

147 — Deux boucles de souliers en acier poli.

148 — Petit vase-balustre à anses en cristal de roche; socle en bois de fer.

149 — Service à thé en métal argenté, composé d'une bouilloire avec son réchaud, d'une théière et d'un pot à crème.

150 — Coffret oriental en cuivre repercé.

151 — Réchaud en cuivre gravé et repercé.

152 — Petite écritoire en étain.

153 — Verseuse en étain.

154 — Coffret, de forme rectangulaire, en ébène plaqué d'écaille ; le dessus s'ouvrant à charnière, garni d'une glace à l'intérieur. Il est orné sur ses cinq faces de petits panneaux en tapisserie au point, à sujets de paysages, avec broderies en relief figurant des arbres et des pelouses. XVIIe siècle.

155 — Cadre ancien en bois sculpté, de forme ronde. Louis XV.

MARBRES, BRONZES

PENDULES

156 — Statuette en marbre : La Marguerite de
Faust, par PAUL FOURNIER.

> Haut., 75 cent.

157 — Groupe en marbre blanc : La Fidélité et
l'Amour. Socle-gaine en bois peint.

158 — Bas-relief en marbre, représentant la Résur-
rection. Cadre en bois noir.

159 — Pendule en marbre blanc et bronze doré ; le
mouvement, surmonté d'un aigle et accoté de
deux sphinx en bronze, patine brune, est sup-
porté par deux colonnes à cariatides de femmes
égyptiennes, reposant sur un socle avec frise
en bronze doré, à sujets d'amours. Époque
Louis XVI.

160 — Pendule de la Restauration en bronze doré,
avec sujet représentant l'Aurore.

161 — Pendule et son socle d'applique en écaille,
ornements en bronze ciselé et doré. Cadran signé
de *Mesnil fils*, à *Paris*. Époque Louis XV.

162 — Importante pendule, forme religieuse, marquetée, en contre-partie, d'étain et de cuivre sur écaille ; moulures en bois d'ébène ; elle est flanquée de deux colonnes à chapiteaux de bronze et surmontée d'un dôme à écusson enguirlandé et de vases flamboyants; le cadran, en bronze ciselé et doré, présente, en bas-relief, un motif repoussé : Allégorie à la Guerre et est signé : *Gribelin, à Paris.* XVIIe siècle.

163 — Petite pendule en bronze ciselé et doré : la Liseuse. Époque de la Restauration.

164 — Pendule en bronze ciselé et doré; le cadran accoté de deux faunes enfants soutenant une guirlande. Socle en marbre blanc.

165 — Petite pendule en bronze doré, avec sujet représentant deux personnages immolant un mouton.

166 — Lustre en bronze, orné de cristaux, aménagé pour l'électricité.

Haut., 1 m. 05 cent.

167 — Deux grands candélabres en bronze ciselé et doré, formés chacun par deux femmes supportant un bouquet de lumières. Style Louis XVI.

168 — Deux lampes Empire, forme trépieds, en bronze ciselé et doré.

169 — Paire de flambeaux en bronze ciselé et doré, décor à fleurs et rocailles. Style Louis XV.

170 — Paire de flambeaux en bronze ciselé et doré, fûts à cariatides de femmes enguirlandée supportant des brûle-parfums. Style Louis XVI.

171 — Grande lampe en bronze ciselé et doré, décor à rocailles. Style Louis XV.

172 — Grand vase, de forme Médicis, en bronze ciselé, présentant sur la panse, en relief, une théorie de personnages dansant, et sur le col des branchages et des fruits. Il est surmonté d'un bouquet de pavots en bronze, formant porte-lumière aménagé pour l'électricité.

Haut. du vase, 72 cent.

173 — Statuette de David, par MERCIER. Bronze. *Édition Barbedienne.*

Haut., 70 cent.

174 — Statuette en bronze : Le Chercheur d'antiquités, par MOULINS. *Édition Thiébaut.*

Haut., 73 cent.

175 — Paire de petits vases en bronze ciselé à anses, montés sur socles cylindriques.

176 — Deux petits bougeoirs surbaissés en bronze ciselé et doré. Style Louis XV.

MEUBLES ET SIÈGES

177 — Meuble-cabinet en bois noir, s'ouvrant à deux vantaux, avec à l'intérieur de nombreux tiroirs décorés de peintures à sujets allégoriques et mythologiques.

178 — Petite console demi-lune en bois de rose à filets, reposant sur quatre pieds à tablette d'entrejambe, ornée de bronze doré. Style Louis XVI.

179 — Console, de forme rectangulaire, en acajou, ornée de cuivres, reposant sur quatre pieds à tablette d'entrejambe, dessus de marbre à galerie. Époque Louis XVI.

180 — Table-coiffeuse en marqueterie de bois de rose et bois de violette, à pieds cambrés et sabots de bronze. Époque Louis XV.

181 — Table-coiffeuse en marqueterie de bois de rose et de bois de violette ; pieds cambrés et sabots de bronze. Époque Louis XV.

182 — Bureau à cylindre en acajou moucheté, orné de cuivres. Époque Louis XVI.

183 — Commode Louis XVI en marqueterie. Dessus en marbre.

184 — Petite table à ouvrage. Premier Empire.

185 — Petit bonheur-du-jour en acajou à filets de
bois clair, s'ouvrant à abattant avec deux petits
vantaux vitrés dans le haut, deux tiroirs et
deux autres vantaux dans le bas. Dessus de
marbre à galerie. Époque Louis XVI.

186 — Petit guéridon, de forme circulaire, à tablette
d'entrejambe, en acajou et bois de rose, orné
de bronzes dorés et de galeries. Style Louis XVI.
Signé de *Zwiener*.

187 — Vitrine étroite en bois de violette à fond de
glace, de forme contournée, ornée de chutes,
d'encadrements et sabots en bronze doré et ciselé, signée de *Zwiener*. Dessus en marbre
brèche. Style Louis XV.

188 — Table ovale en marqueterie et acajou, ornée
de bronze. Style Louis XVI.

189 — Baromètre-thermomètre en bois noir, orné
de bronzes dorés à rinceaux, feuillages et trophée. Style Louis XV.

190 — Table à thé étagère en bois sculpté et doré,
à tablettes en glace. Style Louis XVI.

191 — Petit paravent bas, à trois feuilles, en bois
sculpté et doré, garni de satin brodé ; la feuille
centrale offrant un encadrement d'éventail.

192 — Vitrine en bois de rose à pans coupés, ornée de bronzes ciselés et dorés, s'ouvrant à un vantail décoré d'un panneau marqueté à trophée. Style Louis XVI.

193 — Paravent à quatre feuilles en bois sculpté et doré, de style Louis XV ; les feuilles montées en glace biseautée.

194 — Grande commode, de forme ventrue, fin de l'époque Louis XIV, en bois de placage ; chutes, sabots, entrées de serrures, poignées en bronze finement ciselé et doré. Dessus en marbre.

195 — Commode ouvrant à trois tiroirs en acajou, ornements en bronze ciselé et doré. Dessus de marbre noir. Époque de la Restauration.

196 — Toilette en acajou, dessus en marbre blanc, surmontée d'une glace psychée de forme ovale ; ornements en bronze ciselé et doré. Epoque de la Restauration.

197 — Console en acajou ; ornements en bronze ciselé et doré, à fond de glace. Même époque.

198 — Lit-bateau à colonnes en acajou ; ornements en bronze ciselé et doré. Epoque de la Restauration.

199 — Table de nuit en acajou et bronzes. Même époque.

200 — Commode, d'époque Louis XV, ouvrant à deux tiroirs, en marqueterie de bois rose à losanges ; chutes, poignées, entrées de serrures, sabots en bronze ciselé et doré. Dessus de marbre des Pyrénées.

201 — Grande armoire, ouvrant à deux vantaux, en acajou. Les côtés à semblant de colonnettes cannelées surmontées de chapiteaux. Epoque Louis XVI.

202 — Meuble-gaine en noyer sculpté. Style Louis XV.

203 — Table à jeux en marqueterie de bois rose. Dessus à damier. Epoque Louis XVI.

204 — Petite table Louis XV, à trois tiroirs, en marqueterie de citronnier et palissandre, sur quatre pieds à tablette d'entrejambe.

205 — Coffre en bois sculpté. xviiᵉ siècle.

206 — Commode demi-lune en marqueterie de bois, à ornements et trophées, sur quatre pieds cambrés.

207 — Guéridon en acajou, d'époque Louis XVI, garni de cuivre. Dessus en marbre blanc, à galerie de cuivre.

208 — Bureau à dos d'âne en marqueterie de bois, à damiers. Époque Louis XV.

209 — Buffet Louis XIV, à deux corps, en bois sculpté; le haut vitré, le bas à deux vantaux pleins.

210 — Bureau à abattant en bois de placage, avec tiroirs intérieurs. XVIIIe siècle.

211 — Grande table-bureau, à quatre faces, en noyer sculpté. Époque Renaissance. Dessus en maroquin rouge.

212 — Bureau en marqueterie de bois de violette, s'ouvrant à abattant et trois tiroirs. Époque Louis XV.

213 — Secrétaire en acajou, s'ouvrant à abattant et un tiroir, avec trois tiroirs dans le bas. Dessus en marbre. Époque Louis XVI.

214 — Chiffonnier à sept tiroirs en acajou, à filets de cuivre. Dessus en marbre. Époque Louis XVI.

215-216 — Deux vitrines en acajou et bois de rose, ornées de bronzes dorés, garnies à l'intérieur de soieries claires. Style Louis XVI.

217 — Pupitre-papeterie en marqueterie de bois rose.

218 — Cave à liqueurs en bois de rose.

219 — Table à ouvrage en marqueterie de bois rose. Style Louis XV.

220 — Ameublement de salon, style Louis XIV, en noyer sculpté, filets dorés, garni en broderies à fleurs sur soie vieux rose, contrefond en peluche rouge, composé de deux grands canapés, quatre fauteuils et deux chaises.

221 — Ameublement de salon, style Louis XV, en bois laqué blanc, garni en tapisserie d'Aubusson moderne, à décor de bouquets et gerbes de fleurs, fond crème sur contrefond vert d'eau, composé d'un grand canapé, quatre fauteuils et quatre chaises.

222 — Fauteuil en bois sculpté, à guirlandes, perlés, enroulements de rubans et corbeille de fleurs; accotoirs à consoles formées par des cornes d'abondance. xviiie siècle.

223 — Deux fauteuils en noyer sculpté, d'époque Louis XV, garnis en ancienne tapisserie au point et petit point à sujets de personnages dans des jardins au dossier, et animaux, fleurs et rinceaux sur le siège.

224 — Deux fauteuils en ancienne tapisserie, décor à bouquets de fleurs et guirlandes sur fond crème; bois en noyer sculpté. Époque Louis XV.

225 — Six chaises en noyer sculpté, à pieds cambrés et cloutés de cuivre, d'époque Louis XV; dossiers garnis en ancien cuir de Cordoue, sièges recouverts en cuir gaufré.

226 — Canapé Louis XIII.

227 — Fauteuil en bois sculpté et doré, foncé de canne. Époque Louis XV.

228 — Bois de canapé, de forme contournée, en noyer sculpté, reposant sur huit pieds. Époque Louis XV.

229 — Canapé en noyer sculpté; dossier et siège foncés de canne. Époque Louis XV.

Larg., 1. m. 78 cent.

230 — Banc en bois sculpté, à décor de guirlandes, fruits et oiseaux. XVIIe siècle.

Larg., 1 m. 87 cent.

231 — Canapé, d'époque Louis XVI, en bois naturel, couvert en velours frappé.

DENTELLES

232 — Deux morceaux en point à l'aiguille.

233 — Coupe d'ancienne application.

234 — Coupe en ancien point Vénitien.

235 — Deux petits cols en dentelle.

236 — Deux morceaux en point à l'aiguille.

237 — Barbe en dentelle de Chantilly.

TAPISSERIES, ÉTOFFES

TAPIS

238 — Grand panneau en ancienne tapisserie de la
Renaissance : Verdure animée de personnages,
chasseurs, animaux et volatiles, avec figures
allégoriques sur un fond de paysage, église et
châteaux. Bordure à décor de personnages allégoriques, fleurs et fruits.

> Haut., 3 m. 25 cent.; larg., 3 m. 90 cent.

239 — Panneau en tapisserie-verdure, à encadrement de guirlandes de fleurs, présentant des
cartouches à fond de paysage.

> Haut., 3 mètres; larg., 2 m. 95 cent.

240 — Panneau en ancienne tapisserie d'Aubusson:
Verdure animée de volatiles à fond de pagode.
Bordure simulant un cadre.

> Haut., 2 m. 35 cent.; larg., 1 m. 60 cent.

241 — Panneau en ancienne tapisserie-verdure,
fond de château et village, faucon et volatile.
Bordure simulant un cadre.

> Haut., 2 m. 35 cent.; larg., 1 m. 70 cent.

242 — Neuf tentures en tapisserie d'Aubusson moderne, décor de bouquets de fleurs et rinceaux,
fond crème, contrefond vert d'eau.

Environ 3 m. 30 de hauteur sur 1 m. 40 de largeur.

243 — Deux panneaux en satin de Chine noir, riche-
ment brodés d'or et de soies de couleurs ; décor à
oiseaux, fleurs et feuillages.

Haut., 4 m. 70 cent.; larg., 1 m. 40 cent.

244 — Deux panneaux en satin de Chine noir, ri-
chement brodés d'or et de soies de couleurs,
décor à oiseaux, fleurs et feuillages. Doublure
en crêpe de Chine bleu.

Haut., 4 m. 40 cent.; larg., 1 m. 40 cent.

245 — Lot de tentures murales en ancien damas, à
fleurs et ramages, décor en rouge sur fond
jaune.

246 — Trois bandeaux en étoffe de laine verte lamée
d'argent.

247 — Petit tapis de table en point de Hongrie.
Encadrement en tapisserie au petit point,

248 — Feuille de paravent en ancienne tapisserie au
point et petit point.